Вскипает лава

Also available from Evertype

Alice and the Time Machine
by Victor Fet, illus. Byron W. Sewell, 2016

Алиса и Машина Времени (Alisa i Mashina Vremeni),
Alice and the Time Machine in Russian,
tr. Victor Fet, illus. Byron W. Sewell, 2016

Охота на Снарка (Okhota na Snarka)
The Hunting of the Snark in Russian,
tr. Victor Fet, illus. Henry Holiday, 2016

По эту сторону: Стихотворения и поэмы
by Виктор Фет, 2016

Соня въ царствѣ дива (Sonia v tsarstvie diva):
Sonja in a Kingdom of Wonder, Alice in facsimile
of the 1879 first Russian translation, illus. John Tenniel, 2013

Соня в царстве дива (Sonia v tsarstve diva),
An edition of the first Russian *Alice* in modern orthography, 2017

Приключения Алисы в Стране Чудес (Prikliucheniia Alisy v Strane
Chudes), Alice in Russian, tr. Yury Nesterenko, 2018

Приключения Алисы в Стране Чудес (Prikliucheniia Alisy v Strane
Chudes), Alice in Russian, tr. Nina Demurova, ed. Victor Fet, 2020

Алиса в Стране Чудес (Alisa v Strane Chudes), Alice in Russian,
tr. A. Daktil′ (Anatolii Frenkel′), ed. Victor Fet, 2022

Человек-невидимка (The Invisible Man in Russian)
By H. G. Wells, tr. Давид Лазаревич Вейс (David Lazarevich Veis),
illus. Mathew Staunton, ed. Victor Fet, 2022

Вскипает лава

Стихотворения и пьесы

Виктор Фет

evertype

2022

Издательство/*Published by* Evertype, 19ᴀ Corso Street, Dundee, ᴅᴅ2 1ᴅʀ, Scotland. *www.evertype.com.*

Вскипает лава: Стихотворения и пьесы (*Vskipaet lava: Stikhotvoreniia i p'esy*) '*Lava is Boiling: Poems and plays*'.
Издатель/This edition © 2022 г. Майкл Эверсон/Michael Everson.
Автор/Text 1973–2022 г. © Виктор Фет/Victor Fet.

Издание первое/*First edition* 2022 г.

Каталожная запись этой книги доступна в Британской библиотеке.
A catalogue record for this book is available from the British Library.

ISBN-10 1-78201-301-6
ISBN-13 978-1-78201-301-3

Гарнитура Minion Pro. Набор *Майкла Эверсона*.
Typeset in Minion Pro *by* Michael Everson.

Обложка/*Cover: Майкл Эверсон*/Michael Everson. Photograph "Lava explodes" © Stefan Renner, https://www.dreamstime.com/foto9899_info.

Содержание

Предисловие

Эта книга сложилась из фрагментов разного времени, как складывается во времена катастроф геологическая структура.

Лава войны, выплеснувшаяся на мир 24 февраля 2022 г., кипела подземной магмой долго и везде, прорываясь в различных точках планеты.

В *первой части* этой книги (верхняя её треть) вы найдёте около 40 стихотворений, написанных с 25 февраля по 5 июня 2022 г. Они — о российской агрессии, о войне, о том тектоническом горе и гневе, которые я разделяю с десятками тысяч людей, говорящих по-русски во всём мире.

Мы — последнее поколение выросших и учившихся на классическом имперском языке, волнами эмиграции унесшие его с собою в рассеяние по всему миру. Мы пишем для тех немногих, кто будет читать нас по-русски, как читают сегодня латынь — в будущих университетах Киева, Казани, Каталонии, Атлантиды...

Империя кончает самоубийством в живом эфире
на русско-всемирной войне.
Пушкин и Бродский разлетаются мраморной крошкой,
но не в тире,
а в Мариуполе, Чернигове и Ирпене.

Во *второй части* книги я поместил произведения из прошлых, *довоенных* лет, образующие многолетние осадочные пласты, объединённые той же геологией.

Двигаясь вглубь, от настоящего в прошлое, под слоем избранных стихов и драматических этюдов мы находим юношеские опыты полувековой давности.

Фарс «Гистрионы» (1974) — о безумном Нероне, от скуки сжигающем Рим («свихнуться всякий может, а император — скорее всех») — был написан мной в 19 лет в Каролино-Бугазе, на черноморском побережье Украины, куда сейчас падают российские ракеты. Другой фарс, «Страсти по Прокрусту» (1973) — о «поисках преемника» кровавым царём — был чудесным образом сыгран на сцене в 1975-1976 в наших студенческих театрах в Новосибирске и Владивостоке.

История, как всегда, тупо ходит по кругу, а её слои повторяют друга друга бессмысленными, ритмическими напластованиями вулканических и осадочных пород, периодов войн и застоев...

Но нельзя не надеяться, даже когда уходит из-под ног твой язык, хрупкий и драгоценный, на всю жизнь унесённый в заплечном мешке с томиком Заболоцкого, испытанный на прочность в молодости туристскими гитарами...

Мы сохраним его в руинах Вавилона.

Слава Украине!

Виктор Фет
Хантингтон, Западная Виргиния
15 июня 2022

Foreword

This book is formed by fragments of different time, as a geological structure forms during catastrophes.

The lava of war that spilled out into the world on 24 February 2022 has boiled as underground magma for a long time, breaking through at various points on the planet.

In the *first part* of this book you will find about 40 poems written in February—June of 2022, during the first 100 days of the war. They are about the Russian aggression, about the tectonic grief and anger that I share with tens of thousands of Russian speakers all over the world.

We are the last generation of those who grew up with this classical, imperial language, who carried it to the diaspora around the world in waves of emigration. We write for those few who will read us in Russian, as one reads in Latin today: in the future universities of Kyiv, Kazan, Catalonia, Atlantis.

> *Empire commits suicide live on air*
> *in the Russo-World War.*
> *Pushkin and Brodsky scatter like marble chips*
> *not in a shooting gallery*
> *but in Mariupol, Chernigov, Irpen.*

In the *second part* of the book are works across many *pre-war years*. Moving even deeper, under a layer of selected poems and dramatic sketches, you will find my youthful experiences, written in the USSR *half a century ago*—all about tyranny and freedom.

The Histrions (1974), a farce about the insane Nero burning Rome out of boredom ("everyone can go crazy, but the emperor most likely"), was written by me at the age of 19 in Karolino-Bugaz, on the Black Sea coast of Ukraine near Odessa, where Russian missiles are falling now. Another farce, *The Passion According to Procrustes* (1973)—about a bloody tsar's "search for a successor"—was miraculously performed on stage in 1975-1976 in our student theatres in Novosibirsk and Vladivostok.

History, as always, stupidly goes in circles, in rhythmic layers of volcanic and sedimentary rocks, periods of wars and stagnation.

But one can't help but hope, even when your language, fragile and precious, moves away from under your feet.

"We will keep it in the ruins of Babylon."

Glory to Ukraine!

Victor Fet
Huntington, West Virginia
15 June 2022

Война

У края бездны

У края бездны Украина,
Где тьма и мгла,
Сжимая меч, стоит, едина,
Средь моря зла.

Мы знаем всё о рабской доле
Сквозь сотни лет,
Сейчас одно есть слово: ВОЛЯ.
Да будет свет.

(8 марта 2022)

25 февраля 2022 г.

Страна разрывает страницы свои,
Война расставляет все точки над «i»
Следами от русской шрапнели
Там, где мы гуляли и пели.

Там, где криворожское детство моё
Славянские буквы смешало,
Из древних времён золотое копьё
Вонзается в груды металла.

Из мрака на свет не рождается враг,
Удушен своей пуповиной,
На дно океана, где крейсер «Варяг»,
Спускается остров Змеиный.

Кольцуется хвост меж зубами змеи,
И точка двойная над киевским «ї»
Дрожит в окуляре прицела.
Душе непривычно без тела.

Кончается снова февральская ночь,
И красен рассвет в Фермопилах,
Молитесь же с теми, кто может помочь,
Молитесь за тех, кто не в силах.

(25 февраля 2022)

Евгению Рейну
одному из «ахматовской четвёрки» *

О чём лепечете вы, бывшие витии,
Куда вас привела имперская стезя?
России больше нет. Нет прошлого России.
И будущего нет. И быть ему нельзя.

Мицкевич вам писал, две сотни лет назад:
Протрите взгляд и сохраните честь.
Но вы замкнули слух. И вот—дорога в ад
Открыта для страны—палаты номер шесть.

Вы предали её—Ахматову свою,
Вчера ещё могли спасти вы ваши души,
Но вам опять нужна одна шестая суши,
И я бесовские личины узнаю.

Пока ещё перо сжимается в руке,
Пока толпитесь вы у дьявольского трона,
Я проклинаю вас на русском языке.
Мы сохраним его в руинах Вавилона.

(4 марта 2022)

---

* 23.02.22 (!) Евгений Рейн подписал про-путинское «Обращение
писателей России по поводу специальной операции нашей армии
в Донбассе и на территории Украины»

Военная песня

Ждёт не дождётся того трибунал,
Кто отворяет ворота в геенну,
Что ты заводишь песню военну,
Птичка кровавая, мой кардинал?

В крике зашлись ошалевшие музы:
Девять валькирий кружат над Парнасом.
Это не немцы и не французы—
Русские стали пушечным мясом.

Слава навечно, и присно, и ныне—
Слава героям в моей Украине!

(6 марта 2022)

Пуримшпиль-зонг

Ушла российская культура
путём Ассирии и Ура,
великая литература
не беспокоит по ночам,
народ и партия едины,
терзая тело Украины,
но из иудиной осины
кол уготован палачам.

Они по-прежнему готовы
твердить рассказы Льва Толстого
про севастопольские пули
и про народную войну,
но вот удар её дубины
пришелся в душу Украины,
и взрывом черноморской мины
сразил гигантскую страну.

Оставьте нам язык нетленный,
а сами—геть на край вселенной.
Плыви туда, корабль военный,
от украинских рубежей,
тушите свет, сушите вёсла,
не будет премии вам в Осло,
история не знает сосла-
гатЕльных форм и падежей.

(9 марта 2022)

Владимиру Зеленскому
(на мотив «Прощание славянки»)

Под крылом сине-жёлтого паруса
Отправляемся мы на войну,
Солнце мартовское светит яростно
В черноморскую нашу волну.

За Елену, да не за троянскую—
За отчизну, за дом, за семью,
За загадочную, за славянскую,
За еврейскую душу мою.

Вставай,
И не прощай,
Вернуться ко мне обещай,
Вскипает лава,
Героям слава,
Нам не пора пока что в рай.

Взяли орки неверные векторы,
Убивая детей и селян,
Поражают Ахиллы и Гекторы
Голиафов и филистимлян.

Нам не пасть под российскими «Градами»,
Мы встаём из весенней зари,
Одиссеи свои с Илиадами
Нам еще пропоют кобзари.

Вперёд,
Пора в поход,
Труба боевая зовёт,
Героям слава,
Жаль, Окуджава
Уже нам большие не споёт.

Не расставшись с мечтою хрустальною,
Восставая в огне и дыму,
Мы уходим в картину батальную,
Превосходно поняв, почему.

Всё, что живо и всё, что нам дорого,
Всё у бездны стоит на краю,
Отражая российского ворога,
Этот гимн я по-русски пою.

Пращи
Давидовы сильны,
Мы все—Давидовы сыны,
Вскипает лава,
Героям слава,
Мы выспимся после войны.

(10 марта 2022)

Апрель

Божественные крохи языка
князь мира данного употребляет плохо;
березень квітнем сменится, пока
очередная схлопнулась эпоха
и истекает срок; имперская строка
дряхлеет и ломается, и снова
трещит по швам безумная страна;
праща Давидова сражает исполина,
и думы Герцена скрывает дым былого,
и накрывает Крит гигантская волна.
Уже настал апрель; уже сошла лавина
из края снежного; цветущая долина
под нею будет ли схоронена?
Грядёт небесный суд. У нас идёт война.

(2 апреля 2022)

Распад

Империя кончает самоубийством в живом эфире
на русско-всемирной войне.
Пушкин и Бродский разлетаются мраморной
крошкой,
но не в тире,
а в Мариуполе, Чернигове и Ирпене.

Сгнившие скрепы
разлетаются в щепы,
превышая скорость и света и тьмы.

Догорают страницы учебников.
Вспоминается Хлебников,
прятавшийся в Харькове сто лет назад,
в психбольнице, вычисляя свои алфавиты
звёзд, империй и птиц,
сроки полураспада
и рая, и ада.

Разве мы не знали,
что ад не имеет границ?
Но ведь нам обещали
не ад, а рай на земле.

Где и когда закончится
начавшееся в феврале?

(3 апреля 2022)

Молитва

У черноморских берегов,
в те самые минуты роковые,
я никогда не призывал богов,
я это делаю впервые.

От знойной Фракии до горестной Тавриды.
те силы, что, возможно, правят нами,
запомнили троянские обиды,
да тот потоп, то адское цунами,
что смыло города ослепшей Атлантиды.

Там Океан пролившийся, прорвав
затор меж Геркулесовых столбов,
накрыл военный скифский пироскаф—
галеру, полную рабов.

Там да продлятся солнечные дни
под белой крепостью, у Аккермана,
там, у днестровского лимана,
болот Московии бродячие огни
уйдут в небытие, как призраки тумана.

(18 апреля 2022)

Новая реальность

Нам больше не спрятаться в генах
и в памяти наших отцов,
в пределах иных переменных,
под клёкот былых мудрецов.

В сердечко фейсбучного лайка
сжимается супергерой,
да огненных змеек хозяйка
сгорает под медной горой.

Возможно, что доля такая
написана нам на веку,
но вечности льдинки у Кая
ещё не сложились в строку.

Пожаром над степью донецкой
планета восходит во мгле,
и больше не спрятаться в детской,
в узорах на мёрзлом стекле.

(21 апреля 2022)

Гибель иллюзии

Язык, формировавшийся в веках,
историю оставит в дураках.
Им невозможно более владеть,
как прежде—бессознательно, беспечно—
владели все. Но ведь ничто не вечно;
не вечен и язык. Его слова
нам не дают гарантии, что впредь
их смысл не распадётся в смрадный прах
с империею, терпящею крах
по воле естества и божества.

Умельцы, загибавшие узор
финифтью строк и звёздным алфавитом,
чей почерк я поныне узнаю,
наш скорбный взгляд туманят до сих пор,
но пребывают там, в году забытом,
в краю утраченном, в обещанном раю,
в первоначальной матричной основе,
в тех островах сознания, где мозг
ещё не залит залит залежами крови,
куда ни Юнг не доезжал, ни Босх,
ни даже Гессе с мрачною игрою.

Куда уже там нашему герою—
Печорину, Лаевскому... Для нас
весь мир подлунный был один Кавказ,
где апокалипсисом Иоанна
открылась нам долина бытия,
дымящаяся рана Дагестана.
Там языка холодная струя
омоет слух, не воскрешая тела.
История есть мёртвая вода.
Там, где душа от слова отлетела,
уже не будет лучше никогда.

(20 апреля 2022)

Пророку

Разум загнан в ловушку: где строки твои?
Буквы вечности капают мимо.
Я всю жизнь повторяю про жало змеи
да про огненный угль серафима.

Мы не знали, что кончилась наша строка,
что порвалась исходная нить,
что уже отлетела душа языка,
и уходит в песок, взяв с собою века,
и её уже не сохранить.

Нам не звёзды восходят в кромешной ночи,
там, где чёрная встала дыра,
там, где Тютчев сказал про таись и молчи,
там, где это мгновение длится,
и где вечно летит к середине Днепра
неизвестная редкая птица.

(28 апреля 2022)

Язык мой

Язык мой, друг мой неизменный,
сто лет, как хрустнул твой скелет
у бездны на краю вселенной;
в тебе опоры больше нет.

С нуля приходится сонет
реконструировать, как генный
забытый код; как крови венной
пассивный ток; как тусклый свет

безгласных рифм. Твоя громада
уходит в топь, как скифский клад
в глубины угро-финских блат,

туда, в граниты древних плит,
куда твой смысл прогорклый слит
и занесён слоями яда.

(29 апреля 2022)

Ни слова

Ни слова, о друг мой; и снова:
ни слова, ни звука отныне
не вспыхнет в бескрайной пучине,
объемлющей память былого,
как юность в туркменской пустыне,
где тропка блуждала моя
у города Кызыл-Кая.
Молчанье на свет извлечённых
пластов тектонических груд,
безмолвная смерть заключённых,
отходы урановых руд,
и песни геологов юных
о нашей эпохе родной
на тех же плещеевых струнах,
на той же гитаре одной.
Душа из песчинки советской
налипнет на дикой скале
скорлупкой орехово-грецкой
на предновогоднем столе.
Как дорог нам был и чудесен
туристской романтики стиль...
Я выкину слово из песен,
что въелись в сознанье, как пыль.
Под градом огня и металла
распались мечты и мотивы,
ни слова, ни звука не стало:
мы будем с тобой молчаливы.

(30 апреля 2022)

Дорога

От кровавых знамён Первомая
есть в геенну дорога прямая,
и её верстовые столбы
забивают немые рабы.

Бей сильней, арестантская рота,
асфальтируй сошествие в ад!
Казимир открывает ворота,
с детства въевшийся чёрный квадрат.

Где чудеснейший Коля Бурлюк
был расстрелян в Херсоне в двадцатом,
одиссеев сгибается лук,
напрягая за атомом атом.

Велимир с РПГ за спиной
и архангелов меткие стрелы
изгоняют за наши пределы
изгаляющихся над страной.

Издевающимся над миром,
тем, чья явь хуже мёртвого сна,
есть в геенну дорога одна,
зарисованная Казимиром.

(1 мая 2022)

Начало мая

Я высказываю предположения
об утраченности языка,
чьи предлоги и предложения,
и в особенности глаголы движения,
пересматриваются, пока
он ползёт в застывающей лаве
посредине огненных дней,
на порожистой переправе
не меняя железных коней.

Те слова не светят, не греют,
но драконовы зубы сеют;
их разъела рабская ржа,
мглой порожнею ворожа.

Застилает болотная хмара
половину земного шара,
и Европе сверкнул из-под тины
окровавленный нож гильотины;
там не будет другого раза
открывающим вентиль газа.

Там, под газовыми фонарями,
европейские девы в канкане
застревали в гортани комками,
глядя в будущие снега;
их Лотрек писал и Дега,
их найдут в золочёной раме.
Ах, когда б мы знали заранее!
Растаможивается сознание,
гнев выходит за берега.

(1 мая 2022)

Неомир

Памяти Александра Грина

И чувства, и мечты покинули эфир;
оказывается, что всё так однозначно:
так неоплачено и неоплачно
из Довойны блистает Неомир.

Неописуемый, неоспоримый,
где неоткрытых дум сияет торжество;
неослепительный, но навсегда любимый;
конечно, он придёт, и мы войдём в него.

Неоплатоники об этой смене лет
предупреждали нас, как о паденьи Рима;
и вот пришла пора. И нам забрезжил свет,
неотвратимо и необратимо.

(1 мая 2022)

Нет времени

В стихи стекается все, что лежало
не мёртвым грузом, но живым:
волошинский опустошённый Крым,
и тусклый блеск кавказского кинжала
из школьных лермонтовских строк,
и варваров приветствующий Блок,
и Пушкин, скрытый в мареве имперском;
как не смешать божественное с мерзким?
Какой хроматографией разъять,
расставить пятна слов; как перестать,
в глухой ночи всемирного психоза,
гармонии подспудного гипноза
наклеивать на разума стекло?
Что есть, то есть. Что было, то прошло,
и масса наших слов мертва отныне.
Нет времени на сорок лет в пустыне.

(1 мая 2022)

Пустота

Словарь мой пуст; пуст и букварь:
их оккупировала хмарь.
И слово не сорвётся с уст:
сосуд, его хранивший, пуст,

и смысл его не пропечатан,
и я не знаю, где он спрятан,
не фокусируется взгляд,
и строки пляшут невпопад.

Не знаю, через сколько лет,
когда затмение пройдёт,
мой мозг, я чаю, обретёт,
я думаю, свой полный свет.

И снова памятью былого
сожмёт морщины на лице,
и слово нам дадут в конце,
ибо в начале было слово.

(2 мая 2022)

Классика

Есть сладость в классике моей:
она, как спелый плод, с ветвей
упавший, сохраняет сласть
былых эпох; и ей не пасть
под бурями последних дней—
но смысл засахарился в ней,
перебродил хмельною брагой;
источник у её корней
питал остаточною влагой
всех тех, кто жаждал; но сейчас
она не утоляет нас—
ни той струёю родниковой,
ни той колодезной водой,
что вся отравлена бедой
и непригодна к жизни новой.

(2 мая 2022)

Мой мир

Растекаяся мыслью по древу сознания,
замечаю: на ветках висят примечания,
словно про́волочки, сохранившиеся
от разбившихся шариков. Так, в пространстве вися
над привычною бездною, шарик земной
бесконечно вращается передо мной—
или в мысли моей? Не могу перестать
этот сон-фолиант ежедневно листать,
многотомную книгу из давних времён:
чёрный с золотом дивный Брокгауз-Ефрон,
папиросной бумагой прикрывший мой взор
на создание мира, что был до сих пор
познаваем, осмыслен, реален, любим,
хоть и чёрная бездна висела над ним.
Этот ёлочный шарик бывал золотым,
и серебряным, и голубым,
и декабрьские сны в этой детской игре
продолжались ещё в январе.
Научившись читать, мы один-на-один
с грозным холодом мира вразлад,
поднимали копьё за прекрасных ундин
из подарочной книги баллад,
поражали дракона, что дышит огнём,
в бой бросались за мир и покой,
и границу свою между явью и сном
пролагали тетрадной строкой.

(3 мая 2022)

Картина

Чудная картина есть у Фета:
с детства точно помню этот снег,
и коней со скоростию света
монотонно-бесконечный бег.

Мы летим без компаса, без карты,
звёзды замерзают на лету,
наши сани, как собачьи нарты,
вечно разрезают мерзлоту.

Только по чьему же приговору
под гиперборейскою луной
нас прибили к снежному простору
посредине вечности дурной?

Разум, умирающий от боли,
не вмещается в картину сна;
снег, покрывший выжженное поле,
освещает красная луна.

(3 мая 2022)

Звёздная тропа

Ещё не оправятся души от ран
и от ядовитого сна;
корабль наш в открытый уйдёт океан,
когда завершится война.

Для нас Геркулесовы стали столпы
воротами звёздной тропы,
корабль наш покинул пределы Земли,
где песню планеты сплели.

Мы в тёмные космосы правим теперь,
где в сердце миров отворяется дверь,
где властвует дивное слово
и помнят немало иного,
и где по долинам исчезнувших рек
ещё существует серебряный век.

(4 мая 2022)

Когда

Когда небесные сыны
сквозь дым последних Вавилонов
нам принесли в конце войны
хрустальный свод своих законов,

мы не успели заглянуть
туда, где брезжил звёздный путь;
мы позабыли все слова
под гнётом памяти и боли,
как на страницах естества
не обозначенное поле.

Мы отменили языки
и только песен огоньки
всё теплятся под слоем пыли—
но все слова мы позабыли.

(6 мая 2022)

Слово

Анатолию Либерману

Не задерживаясь между нами,
исчезая водой в песке,
испаряющимися снами
слово тает на языке.

Без значенья его немого,
без последующего суда
невозможно оставить слово,
уходящее навсегда.

Удержи в середине пенной
ту ладью, что всегда легка:
то, единственное во Вселенной
слово, падающее с языка.

(7 мая 2022)

Взор

Взор усталый к небу подымая,
ты найдёшь на краешке звезды
уничтоженный седьмого мая
дом Григория Сковороды.

Ты не спишь десятую неделю,
бедная бродячая душа,
беженкою в чьём-то новом теле
по дорогам вечности спеша.

Не назначен срок твоих скитаний,
солнце встанет над убитым днём;
это испытание огнём—
не последнее из испытаний.

(7 мая 2022)

Под слоем

Под слоем льда, под слоем пыли
мы эту вечность провели;
нас выучили и забыли
в различных уголках земли.

Нам не показан блеск элитный;
на древний кубик алфавитный
давно уже нанесено
всех наших дел изображенье:

планет бездонное движенье,
времён старинное вино,
да непокорный Галилей
среди молекул и полей.

Мы знаем силу разговора
на уровне высоких сфер,
в палате тех весов и мер,
где живо помнят Пифагора,

квадратом поверяя круг,
и где в воображеньи строгом
вниз по Днепру варяжский струг
всё держит путь к своим порогам.

Там вырастили и меня:
там, где из детского кошмара
змея из головы коня
ползла от смертного анчара,

куда стекаются дороги
и исчезают племена,
и где каспийская волна
ласкает Хлебникову ноги,

где Заболоцкого слова
молитвой протобожества
взлетают в небо ежечасно;
где всё еще не всё ужасно.

(7 мая 2022)

До той поры

До той поры, доколе и пока
все буквы сохраняются в обоймах
в сгоревшей оболочке языка,

мы держим путь сквозь плавни в диких поймах,
в необозримой чаще тростника;
Паскаль сказал—он мыслит, но Паскаль

ошибся. Мы не чувствуем ни слова,
ни даже дуновения живого
в застывшем, замершем, оледенелом,

замёрзшем, пустотелом тростнике,
как будто нас нарисовали мелом
на довоенной грифельной доске.

(7 мая 2022)

Бой в Крыму

Пока затишье перед взрывом
плывёт над Керченским проливом
в пролётах Крымского моста,
я вглядываюсь в те места,

где прекращает жизнь свою
береговая батарея,
и Грин из дальнего Гель-Гью
стоит на палубе у Грея.

Я снова вглядываюсь в тьму,
туда, где поражают цели,
где новый варвар в Коктебеле
царит в волошинском дому—

тот самый тот, кто стал ничем,
исчезнув с карты аки скифы;
где Понт Эвксинский бьёт о рифы,
о трупы ядерных трирем.

(8 мая 2022)

Спор

Мне говорят: то спор славян,
то *пря* колонии с державой,
пусть потный их пронзит *шип ран*
(что в переводе—меч кровавый);
века палачества и катства
ожесточили всех равно,
да и в Европе нет давно
свободы, равенства и братства,
и вифлеемская звезда
их не спасала никогда.

Я говорю: когда удав
сжимает кольца, как петлю,
на всём, что помню и люблю,
мои слова текут стремглав,
но Каин Авелю не равен.
Пусть то же слово, что Державин,
сегодня я держу в руках,
но мы на разных языках
давно и думаем, и пишем;
нам просто мстится, что мы слышим
их голоса, как эхо горной
цепи, но это—иллюзорный
эффект: они не слышат нас;
у нас уже не тот Кавказ.

А потому убийца в Риме,
в Алеппо и в Иерусалиме,
в Чернигове или в Крыму—
всё есть убийца, и ему
не избежать перезагрузки
исходных ценностей, когда
на стогнах Страшного Суда
он будет отвечать по-русски,
и вот тогда я всё пойму.

(8 мая 2022)

На этом берегу

На этом дальнем берегу,
где вал Атлантики негневный,
как мало сделать я могу,
когда война, как боль в мозгу,
как камень в полости душевной,
присутствует внутри меня;
и ни минуты нет, ни дня,
когда бы дух мой был спокоен,
покуда украинский воин
стоит перед стеной огня.

(8 мая 2022)

Песня слепого лирника

Сергею Камышану

Звени, непокорная лира,
под голос небесной струны
на карте сверхнового мира
во время всемирной войны.

Сквозь гнойную вонь преисподен
открыт мой сияющий взгляд
тем строкам, что Зевс или Один
всю жизнь в мои уши твердят.

Кислотные мерзкие яды
вливаются в душу мою,
где слов боевые снаряды
взрываются в ближнем бою,

где запахи тлена и дыма
сплавляются с плазмой огня,
где времени плоть ощутима,
и песня течёт сквозь меня.

(11 мая 2022)

Каждое утро

Игорю Михалевичу-Каплану

1.

Слова толпятся с утра, как птицы,
поднимая разум к новому свету,
перекликаясь, и им толпиться
до пробуждения и до сознания
не запрещается. Там знаков нету
дорожных, или же препинания;
там звуки ещё не стоят в гортани
комком невысказанных сочетаний.
Там ни букв, ни цифр ещё не видно,
там не алгебрно и не алфавитно,
но это привычно и вовсе не странно,
что день начинается с этих слов,
вплывающих, словно стайка мальков
в ямку, сделанную в песке
на побережии океана.

2.
Я не могу остановиться,
когда слова идут, как лица
в толпе метро—так бесконечно,
беспечно, безвозвратно. Мне,
словно пловцу, на глубине
увидевшему горсть камней,
пусть полудрагоценных—надо
их ухватить усильем взгляда,
всё пристальнее и сильней—
и светом памяти. На дне,
во влажной тьме, лежат оне—
фантазии минувших лет,
свидетельства, которых нет.

(12 мая 2022)

Конец мая

Отягощённые веригами
свободы, совести и чести,
мы не укроемся за книгами,
нас тьма накроет с ними вместе.

Гори, сияй, пучина чёрная,
взойди галактикой сверхновою,
где касса звёздная наборная
тускнеет россыпью свинцовою,

где мир расстался с алфавитами,
с их инфантильною наивностью,
со временами позабытыми,
с пространства стройной непрерывностью.

Мне снятся сны антропогенные:
в них, как янтарные инклюзии,
застряли буквы довоенные,
мои январские иллюзии.

(27 мая 2022)

Разум

Когда сегодня говоришь по-русски,
то чувствуешь щелчок перезагрузки,
как будто мозг, распластанный на ровном
клеёнчатом покрытии стола,
как препарат, прижат стеклом покровным
под микроскопом грустного творца,
не видящего смысла и конца.
Его препаровальная игла
волокна мёртвые терзает безнадёжно,
как будто в пламени войны угас
тот разум, что нам так неосторожно
Создатель дал — и взял его от нас.

(29 мая 2022)

Лейбниц

Грядущий Лейбниц сможет рассмотреть
материю, где ножницами Парка
бесчисленное множество прорех
натыкала, ткань превративши в сеть.

Сквозь целлофан заветного подарка
нащупываю греческий орех,
скорлупку, содержащую ядро,
в котором есть и слово, и добро.

Неясно, есть ли у ореха друг;
возможно, мандарин, лежащий рядом?
Ведь он и вправду пахнет райским садом,
где родника альпийского вода

рождает всех ручьёв и рек истоки,
времён и царствий замыкая круг
(об этом и о прочем, как всегда,
в газетах пишут ложные пророки).

Под западносибирской широтой
на грязным льдом залитой детской горке
аджарские оранжевые корки
валяются, как в вечности пустой,

в пустом шкафу забытые предметы,
квартиросъёмщиков унылые приметы,
застрявшие в прорехах бытия,
как штраф просроченный, как мысль моя.

(3 июня 2022)

Память

В пространстве душном, безвоздушном,
безъязыковом и бездушном,
где в жилах стынет яд анчарный,
Господь разбил свой круг гончарный
и рукавом смахнул фигурки,
изображающие нас.
Мы исчезаем каждый час
под слоем грубой штукатурки
на воздвигаемой стене,
где скрыта память о войне,
где все свидетели молчали —
в стране, невидимой извне,
где слова не было в начале.

(4 июня 2022)

Романс

Анатолию Либерману

Стихи не сочиняются — сочатся
из ран, которые не заживут.
Слова, забывшие, как их зовут,
молчат и не решаются назваться.

Всё это было сказано до нас:
мы с детства все учили, что отсель
грозить мы будем множеству земель,
пересекая Альпы и Кавказ.

И вот во тьме аптек и фонарей
слова текут, неузнаны и немы,
и тысячи распятых словарей
ещё хранят известные фонемы,

но времени расползшаяся ткань
уже проходит сквозь пустые руки,
и ядом слов сожжённая гортань
не пропускает варварские звуки.

(5 июня 2022)

Песня о небесном хлебе

Марине Генчикмахер

Стада жесткокрылых послушно раскрыли элитры,
на небо они улетают дорогой торной,
оттуда, где пересохли поля и палитры,
где всё маркируют эмалью красной и чёрной.

О, как мы молили о том, чтобы хлеб небесный
свалился к нам с облаков, как дождь желанный:
но тех, кто остался в Египте, не кормят манной,
им хлеб полагается пóтом политый, честный.

Начальство даёт его тем, кто жив покуда,
а после хлеба дают и сладкую дыню,
а чудо — только для тех, кто ушёл в пустыню;
от чёрно-красных букашек не ждите чуда.

В них нету ни нашей души, ни даже кровинки:
Господь их не пожаловал красной кровью,
они пережёвывают жёсткие травинки,
как наша упряжка жуёт свою жвачку воловью,

покорно бредя на юг чумацким шляхом;
их хлеб не полит ни совестью и ни болью,
они безгрешны, подобно библейским птахам,
не жнут, не сеют, не хлебом сыты, не солью.

Но дети твердят заклинания эти веками,
не оставляя своих наивных усилий,
и Божии твари скрываются за облаками,
высвобождая души из-под надкрылий.

И плывут облака, как челны по небесной реке,
и Армстронгом играют архангелов трубы,
где телята уткнули в ладонь онемевшие губы
в руце Божией, в сильной Господней руке.

Их кормушки полны леденцов, разноцветных
    сластей,
что растают во рту, не дойдя до земных
    воплощений,
и не будет нам сладости ни забытья, ни отмщений,
пока ватой кровавой наполнен поток новостей.

Здесь и красным, и чёрным сознание вечность
    метит,
всё стало чётким и необычайно ясным;
а небесного хлеба нам, видимо, так и не светит:
возможно, для нас он считается небезопасным.

(5 июня 2022)

Мир изменился

На Киев из Москвы спустилась тьма;
слова замкнулись и сошли с ума;
под снегом на руинах ноября
закончатся страницы словаря;
моя логоцентричная страна
в макулатуру вечную сдана.

Но в самый горький час на поле брани
оставшиеся нужные слова
остудят адский жар в твоей гортани,
застынут в ней — и будущей весною
сквозь кровь и грязь пробьются, как трава,
навстречу новому огню и зною.

(12 июня 2022)

Будущее

Минует череда десятилетий,
придёт и схлынет новая чума,
и правнук мой, войдя в иные сети,
нас вызовет движением ума.

Под градом бытия из памяти всплывёт
и чёрный виноград, и ядрышко ореха,
и древних помыслов засахаренный мёд,
и вспышка навсегда исчезнувшего смеха.

Забыв о наступлении зимы,
на кеплеровских каменных орбитах
чурчхелу слов нанизывали мы
на строки прописей, в свинце отлитых,
да вялили её на солнце лет,
поддерживая гаснущее пламя.

Но истекли лета, и солнца нет.
Долины дней давно погребены
под тлеющей войны торфяниками;
но в залежах полуразумного песка,
мне кажется, хранятся наши сны
на иероглифах пра-языка.

(14 июня 2022)

Из довоенных архивов

В музеях будущего

Соединяет времена и страны
Заросшая, невидная тропа.
Нам не произойти от обезьяны
Опять—она уже глупа.

Впечатав шаг толпы в цементе плаца,
Мы пробежим по огненной земле,
Но будем вечно отражаться
В слепом, небьющемся стекле.

В музеях будущего—видите ли вы
Наш судорожный вдох в часы прилива,
Да шапку царскую, напяленную криво,
Да дерзких рифм неспрятанные швы?

(2001)

Планеты

Александру Городницкому

Замёрзшие планеты,
пустынника приют:
живут на них поэты
и песенки поют.

Поют они о Боге,
о солнце, о судьбе,
об огненной дороге
поют они себе.

Но им никто не пишет,
их гэджеты молчат;
но их никто не слышит,
хотя они кричат.

О честности и чести
кричат через века,
но не доносит вести
бегущая строка.

Их слова не услышат,
их слова не лишат;
планеты хладом дышат,
растаять не спешат.

Их мир наполнен снегом,
где спят и видят сны,
ручьёв обманным бегом,
и ржавчиной весны.

В нём радостные споры
на кухнях давних лет,
и сказочные горы,
где спорам места нет.

Вращаются планеты,
огни к чужим пирам;
разбросаны поэты
по солнечным мирам.

Я их дорогу знаю,
идя издалека,
но я её теряю,
проснувшись от толчка.

И только ветер в кронах
ушедшим языком
напомнит о казнённых,
о временах бездонных,
о всех перемещённых,
с кем не был я знаком.

(2016)

Ионическое море

Не опишешь словесами
то, что правит небесами,
не придумаешь в уме
то, что зиждится во тьме.

Пролистаю, не читая,
череду начальных глав,
где частиц исходных стая
разлетается стремглав.

Этот текст силён и скучен;
разум мыслить не обучен
на бездонном языке;
я лежу, избит и скрючен,
на твердеющем песке.

Я взираю в пропасть мира,
я смотрю вперёд и вниз,
как на острове Керкира
исстрадавшийся Улисс.

Потешаясь надо мною,
правоту мою кляня,
посейдоновой волною
смыло с памяти меня.

В царстве мудрого феака
тишина и благодать,
знак обучен форме знака—
но мне нужна моя Итака,
и до неё рукой подать.

Боги! я ещё живой!
Растворяясь в древней влаге,
я стою в последнем шаге
от черты береговой.

(2012)

Наш театр

Над маленькою сценой
метался чудный звук,
мгновений смысл бесценный
сливался в общий круг,
и сказанное слово,
летящее во тьму,
ошеломляло снова
внимающих ему.

Ушло, но не забыто,
а значит, не ушло:
ещё окно открыто,
ещё дрожит стекло.
Как сказки или гены
сквозь мглу прошедших лет—
былые мизансцены,
которым сносу нет.

Всё те же, и всё та же
на сцене суета—
король, и шут, и даже
все реплики шута.
Прочней орлов имперских,
превыше всех знамён—
тот отзвук песен дерзких,
что нами сохранён.

Всё было, всё известно,
и всё опять сильней—
заставленное тесно
пространство лет и дней;
пустеет наша сцена,
всему приходит срок,
и только неизменно
блаженство этих строк.

Не уберу страницу,
не вырву, не сотру,
уже остановиться
не хочется перу,
пускай же смотрят боги
с Олимпа, как рука
ещё выводит слоги,
понятные пока.

(2012)

У берегов

Я проехал долиной реки,
где родился полвека тому;
по периметру там пески,
разбегающиеся во тьму,
или рифтовые долины,
где водился индрикотерий,
да разрозненные руины,
от которых курится дым.

Нас учили, что для империй
доступ к морю необходим.
Но пока они суть постигнут,
мир по-своему переделав,
ты в пустыне не будь застигнут
расширением их пределов.
Ведь они зачерпнут шеломом
и омоют свои штыки
у развалин, что были домом
возле устья моей реки,
где устраивались пикники,
где играли спектакль потешный
и где песня моя звучала,
где корабль отошёл поспешный
от обугленного причала.

(2009)

След

Слепи себе из пластилина
очередного властелина
в зелёной тоге, без лица.

Дай в лапки липкие монету,
как потемневшую планету,
где жить придётся до конца
под властью этого слепца.

Потом сожми его в комок,
чтоб больше зла творить не мог,—
чтоб дать урок другим тиранам;
забрось в коробку под диваном.

Потом прошелестят века,
и археологи в пустыне
найдут монету в середине
окаменелого комка.

И с осторожностью великой
в музейной зале под стеклом
уложат след эпохи дикой,
игравшей в поддавки со злом.

(2005)

В былые времена

В былые времена, когда
у человечества звезда
была всего одна,
существовали страсть и грусть,
и книги знали наизусть
в былые времена.

В чужие эти времена
стояла вечная война:
без отдыха и сна
сражались насмерть короли
за выжженный клочок земли
в былые времена.

Звезда светила в облаках,
но в полумёртвых языках
был вычерпан до дна
тот плодородный, древний ил,
что нас от звёздных бурь хранил
в былые времена.

Ещё имелись имена;
слова имели племена
для хлеба и вина,
слова для ячменя и ржи,
слова для истины и лжи
в былые времена.

Их создавал пленённый дух,
их узнавал врождённый слух,
и плакала струна
на дне едва возникших душ,
в пустые дни, в большую сушь,
в былые времена.

(2008)

Глоток

Памяти Игоря Северянина

Недавно ещё трепетала струна,
и старому барду внимала страна,
а нынче от грёзы леса и моря
очнулись под властью иного царя.

Всё выиграл он, что поставил на кон,
и в замке у моря издал свой закон
о том, что земля, и огонь, и вода,
и воздух закрыты теперь навсегда.

Но к воздуху доступ имели пажи,
и юный один для своей госпожи
в фиале прозрачном воздушный объём
похитил и спрятал на сердце своём.

И вертится шар—тот, что был голубым,
и страх несравним со столетьем любым,
ведь воздух с водою навеки ушли,
и больше не стало огня и земли.

Но где-то в подвале, светясь и дрожа,
в стеклянном сосуде, в каморке пажа,
ушедших молекул старинные сны
хранятся в развалинах нищей страны.

Быть может, иссякнет кровавый поток,
и древнего воздуха чистый глоток
к потомкам придёт через тысячу лет,
как старого барда прощальный куплет.

(2005)

Песня Городничего

Из Петербурга с нарочным приходит нам письмо,
покрыв нас несмываемым позором—
пятно невыводимое, горящее клеймо,
проставленное адским ревизором.

Откуда взялся Хлестаков? Пуст, как прореха у портков,
как тополёвый пух, белёс и легковесен,
провинциальных простаков освободил он от оков,
он фантастических напел нам чудных песен.

Откуда взялся Хлестаков? Влетел, взвихрил и был
таков—
как можно втюриться в такого охламона?
Но простофильству нет конца—есть простота на мудреца,
хотя бы и на самого на Соломона.

Что за чертою огненной? Какой нам текст учить?
В какой карман нам лезть за новым словом?
Сумеем ли мы вовремя чертёнка отличить,
что обернётся новым Хлестаковым?

Из Петербурга, может быть, не то ещё придёт—
и что взбредёт там в ум какого драматурга?
Шутя пройдёт столетие (*или два*), и новый век грядёт,
как настоящий ревизор из Петербурга.

(2004)

Уэллс

На мёртвый мир свалившись с вышины,
Подпрыгивает шар из кейворита
И с хрустом давит жителей Луны:
Бледна их муравьиная элита!

Тобою тема вечная открыта
Междупланетной, мировой войны;
Ты описал и вставил в наши сны
И марсианина, и селенита.

Но, забредя в Россию издалёка,
Ты не увидел главного морлока:
Твой взгляд не различал их на Земле.

Вождь светится Лунарием во мгле,
И вспыхивают в ходе разговора
Глаза гиены. Бедный доктор Моро!

(2003)

Кавказ

Нет в России иного рассказа,
Чем про бурные горы Кавказа,
Про нагайку, да шашку, да бурку,
Да как персу досталось да турку.

Ключ в замке до конца поверну
В языки разделяющей двери,
Отличающей Мери-княжну
От английского имени Мэри.

Новых букв набросать в языке
Не дошли у Мефодия руки;
В пограничной с Кавказом реке
Разбухают славянские звуки,
Да мелькают стеклянные грани
Мандельштамовской Эривани.

Оборотного «э» оборот,
Ермака подменяющий Эрик,
Непредвиденный водоворот,
Всероссийской истории Терек,

Где от викинга до казака—
Страх раба, брага пьяной отваги,
Да эрозии буйной овраги
Аж до шапки горы Машука.

За пределами этого мира
Вряд ли что-то достойное есть,
Значит, честь удалого мундира—
Это вся, что нам выпала, честь.
Блещут неба хрустальные своды
Да текут минеральные воды.

Там страдали для нового дела
И на фоне альпийских широт
И зверюшка несчастная Бэла,
И Лаевский, моральный урод.

И эпоха, наполнив роман,
Уходила зарядом картечи
В темноту, в племена мусульман,
Не имеющих письменной речи.

(2001)

Рим

There is a world elsewhere.
—Shakespeare, *Coriolanus*

Есть мир за пределами звука,
Его не опишут слова.
Стрела вылетает из лука,
Упрямо дрожит тетива.

А дальше—черта огневая,
Где стёрлись иные черты.
Есть Рим за пределами рая,
И рай—за пределом мечты.

Слова, и пространства, и годы
Сотрутся, истлеют, уйдут.
Есть мир за пределом природы,
За кромкою наших минут.

Так молния в небе хранима,
Разрядом пронизана тьма.
Есть мир за пределами Рима,
И Рим—за пределом ума.

(2000)

Памяти Галича

Десять лет как лежу в изгнании
Я в холодной земле во Франции.
На дворе опять осень ранняя.
Что вам снится? Чему вы радуетесь?

Не нужны вам певцы-заступники,
Всё вы видели, всё провидели.
И поэты для вас—преступники,
И родные отцы—правители.

Кто ж за вас заступится, пьяненьких,
Одураченных да огорошенных,
Страхом ядерным одурманенных
Да афганским песком припорошенных?

В марте водкой столы уставлены,
Всё тоскуют, что рано помер он,
И мелькают портреты Сталина
На машинах с московским номером.

Век двадцатый уже кончается,
Наши внуки уже венчаются.
Что же вы ничего не поняли,
Ничего из грязи не подняли?

(1984)

Стансы к Январию

У Лукоморья, где виварий,
Не раз мы пили, Януарий,
И пели мы из разных арий,
Орали мы что было сил:
Там чахнет царь Кощей над златом,
Там брат идет на битву с братом,
Там служит людям мирный атом,
И я там был—мёд-пиво пил.

Ах, Януарий, наши клетки
Откроют те, кого мы предки,
Обломят, как сухие ветки,
Наш стыд и страх, инстинкт и грех;
Что им, родившимся в ретортах,
С ракетками на белых кортах,
С прозрачной жидкостью в аортах?
Наш мир для них—пустой орех.

И, звёздной россыпью влекомы,
Они уйдут в иные домы,
Такие выстроят хоромы,
Что ни пером, ни топором.
Кому они предъявят сметы?
Какие выставят Заветы,
Когда к брегам вселенской Леты
Харон причалит свой паром?

Да, Януарий, наши годы,
Статьи, и оперы, и оды,
Наш скверный век, дитя свободы,
Смещенья дум, смятенья встреч—
Пройдут дорогой к изобилью,
Сверкнут, смешавшись с звёздной пылью,
Так и не сделав сказку былью,
Да и не сбросив бремя с плеч.

(1998)

Потёмкин

Цикады звон и пыльный шлях,
Где грушею на карте юга
Повиснул Крым, увяз в степях.
Нет у Потёмкина досуга,
Но вера есть и нету страха.
Вдоль за обочиною шляха
Стоят остовы деревень.
Цикады звон и жаркий день.

Потёмкин.
Не трону честь Екатерины,
Но и свою не дам в обиду.
Туманна пыль дороги длинной
От Петербурга до Тавриды.
Адмиралтейская игла
Порой невидима в тумане,
Но твёрдо знаем, что была,
И некого винить в обмане.
Она является на миг,
Когда природа своенравна.
Так я искусство лжи постиг
И в суть его проник недавно.

Ложь—это правда на момент;
Мгновенна ложь, а правда вечна.
Ложь всякой правды элемент
И в данном миге безупречна.
Что верно в этот интервал,
То ложно в следующий будет,
Но зритель быстро позабудет,
Что ложь он правдою считал.

Так я свои лелею планы
Создать подобие тумана,
Чтоб мигом лжи всю Русь покрыть.
Как долог миг? Пока мне жить.
После меня—пускай потоп.
Я свой верчу калейдоскоп,
Где кривда с правдою вдвоём
Узоры чертят под стеклом,
Где кривды миг и правды миг—
Вот европейский политик!

Грачёв.
Прости, Потёмкин, перерву:
Ты, верно, бредишь наяву.
Твой полити́к на дурь похож—
Потребна ль в государстве ложь?
Приказ: послать в Сибирь кого-то—
Бери ж и шли его туда;
Приказ: построить пакетботы—
Руби же лес и строй суда;
Приказ: посланье за границу—
Враньё пристойно ли писать?
Приказ: ответствовать царице—
Ужели здесь возможно лгать?!

Потёмкин.
Отвечу: вы не уяснили,
Что ложь лишь миг бывает в силе,
А миг достаточен всегда,
Чтоб не почувствовать стыда.

Стояли призрачные хаты
От жизни в нескольких шагах.
Шагал по шляху князь проклятый.
Проклятый князь и пыльный шлях.
Напоминая наважденья
И злые утренние сны,
Стояли плоские творенья
Без толщины, без глубины.
Они от ветра чуть качались,
Скрипели каждою доской,
И от театра отличались
Огромным небом над собой.
Освещены нездешним светом,
Среди взаправдашних степей
Стояли рамки от людей.

Он шёл, по зарослям полыни
Ступая твёрдою ногой.
Над ним вздымался купол синий
И солнце в клетке золотой.
Пленённой птицей в небесах
Оно рвалось из них наружу
И отражалось в каждой луже.
Цикады звон и пыльный шлях.

(1975)

Театр

Рейнголдские сны

Драматические наброски

ДЕЙСТВУЮЩИЕ ЛИЦА

Слава Вернер, *поэт, славист.*
Матвей Баренцев, *физик.*
Маша, *биолог.*
Коля, *биолог.*

Действие происходит в Рейнголд-колледже (штат Орегорния, США).

Пролог

Вернер.
Наш гордый разум нас возвысил
над кромкою вселенской тьмы,
и роскошь ньютоновых чисел
могли себе позволить мы,
но только лет на двести-триста.   5
Теперь же—хаоса поток
объемлет мир, сбивает с ног
и мистика, и атеиста.
Ладью несет через пороги,
визжат в машине тормоза,   10
а с неба заспанные боги
таращат круглые глаза
на то, как новая гроза
размыла римские дороги;
на то, как вдруг и слов, и дел   15
мы обнаружили предел.

Сцена 1

БАРЕНЦЕВ.
День кончился, и темнота
ползет с Каскадного хребта.
Здесь, с монитором тет-а-тет,
под кирпичами колоннад
провел я семь безумных лет.   5
Да, Рейнголд-колледж был мне рад—
я знания принес, талант
и крупный федеральный грант.
И вот толчём мы черта в ступе.
Ну, здесь, конечно, в нашей группе   10
бывали споры: стоит ли
вести эксперименты, в ходе
которых можно причинить
ущерб среде, или природе,
или вращению Земли,   15
и времени тугую нить
ослабить... Что и говорить,
необходима осторожность
среди молекул и полей,
но нам впервые дал возможность   20
над новым веком Водолей…

Гляжу ль в мои скупые книги,
считаю ль световые лиги
под звук рейнголдского дождя—
до половины жизнь пройдя,   25
как говорил товарищ Данте…
Я все о нём, об этом гранте.

В неповторимом варианте
здесь протекли мои семь лет.
Чему я отдал эти годы,   30
свои закаты и восходы ?
Что вырвал из зубов природы?
Какой сигнал? какой секрет?

Вот нашей физики итог,
науки новой, дерзновенной: 35
конца и края у Вселенной
нет. Но имеется Порог.
Шлагбаум на моем пути—
ни перелезть, ни обойти,
ни понизу не проползти.   40
Семь лет, как семь коней, загнал
я на краю материка.
Но цель все так же далека.

Вернер, *входит.*
Матвей, как жизнь?

Баренцев.   Течёт.

Вернер.
Грустишь? Что, снова «нет сигнала»?   45

Баренцев.
Не в этом дело. Есть сигнал,
и собранного матерьяла
вполне хватает на отчёт
и для возобновленья гранта.

Вернер.
Так в чем же дело?

БАРЕНЦЕВ.   В пустяке,   50
в природе атома и кванта.
Здесь, на границе с Орегоном,
обзавелись мы полигоном,
над озером, на леднике.
Мы ожидали дня и часа,   55
когда критическая масса,
вздохнув, потащит за собой
аламогордовский пробой,
и будет квантовою пеной
до основанья сметена   60
освобождённою Вселенной
миров берлинская стена!

ВЕРНЕР.
Звучит серьёзно.

БАРЕНЦЕВ.   Тему эту
могу отдать тебе, поэту:
мы, физики, зашли в тупик.   65
Душе ни отдыха, ни сна нет.
Вот-вот оно, казалось, грянет,
и отразится Божий лик,
и суть молекул и полей
нам станет ближе и милей.   70

Что ж, будем ставить новый опыт.
Я к этому уже привык.
Частиц и волн мы слышим ропот,
но их естественный язык
ещё не до конца нам ясен.   75

Моя теория проста:
есть у вещей свои места—
они привязаны к местам,
как корни к стеблям и листам.
Так задан ток секунд и дней,   80
и нам его не разорвать—
но если на единый миг
движенье сока от корней
к листам оборотится вспять—
произойдёт мгновенный сдвиг.   85

ВЕРНЕР.
И мы увидим это?

БАРЕНЦЕВ.   Ну—
возможно, да. Я тут одну
припас гипотезу об этом.
Но есть всегда конфликт со светом—
как оседлать его волну,   90
чтобы она не оскудела.
Ну, в общем, вот такое дело.

Сцена 2

В клубе, после вечера русской поэзии.

МАША.　　　　Скажите, как
Вы пишете стихи?

ВЕРНЕР.　　　　Во мрак
душевной лени машинальный
случайный блик, или спектральный
забредший луч падёт уныло;　　　　　　　　　　5
тогда душа звучит, как море,
перебирая гальку слов.
Кристаллизующая сила
растёт—дает толчок—и вскоре
ловлю как бы остатки снов.　　　　　　　　　　10

Нам так естественно, так чудно,
необычайно и нетрудно
писать на этом языке
и строить замки на песке;
четырёхстопною строкою　　　　　　　　　　15
стремиться к воле и покою;
существования труды
листать; земли, огня, воды
и воздуха настроив струны,
пересекать пространства дюны,　　　　　　　　　　20
и где-нибудь в местечке дачном
мечтать о языке прозрачном.

Маша.
Но всё же, Слава, не смешно ли
в такой затерянной глуши
чинить свои карандаши,   25
да обсуждать свободу воли?

Вернер.
Нам участь новая дана :
большая, сонная страна.
      [*Берет карту Орегорнии.*]
Географические карты,
иконы юности моей!   30
Мыс Араго и Гумбольдт-Бэй,
бензоколонки и К-Марты,
мосты, озёра, водопады;
хребтов унылые громады
стоят заснежены и дики—   35
девятитысячные пики
вершин Мак-Лафлин, Тильзен, Скотт.
Здесь время медленно течёт.

Я возвращаю, что когда-то,
в иной глуши, в иной стране   40
мне спел лонгфеллов Гайавата
на чуткой бунинской струне.
Их образы во мне отлиты:
я их увидел и узнал.
А в небе ловят сателлиты   45
наш человеческий сигнал,
что каждый день выходит в свет.
Чем он вернется к нам? Зарядом
тоталитарных ли ракет?
Грядущим ядерным ли адом?   50

Исламской ли призывной битвой
иль муэдзиновой молитвой?
Того не ведает поэт.

Маша.
Взгляни на карту этих дней:
всё расплывается на ней.   55
Какие помыслы и темы,
симфонии и теоремы,
не зародясь, сгорят дотла
в жару плавильного котла?
Кому нужна слепая лава,   60
боль тектонических смещений,
да генетических смешений
народов потная орава,
зачем не ставим ей заслон?
Зачем нам этот Вавилон?   65

Сквозь ила слой в долине Нила,
сквозь лёсса плащ на холмах Ура,
своя накапливалась сила,
цвела и полнилась культура,
в столетий медленном полёте,   70
в различных уголках земли;
и дети радостно росли,
культуру чтя благоговейно,
да воздухом дышали чистым,
а нынче Будда или Гёте,   75
на почве Ганга или Рейна
взойдя, умрёт в чужом краю
невоплощённым программистом.
Я этого не признаю.

Сцена 3

В зоологическом музее.

Коля.   Я—энтомолог.
Я в детстве в Ялтах и Анапах
ловил цикад или сверчков,
а после в городе родном
вдыхал шкафов музейных запах   5
и пыль библиотечных полок,
да в микроскоп из-под очков
глядел часами день за днем,
щетинки мелкие считая—
активность вроде бы пустая.   10

Была привычна и проста нам
жизнь на ходу грузовика,
среди степи, у костерка.
Там, на границе с Казахстаном,
у занесённых солью рек—   15
там, под гитару летних практик,
под звёздным небом всех галактик,
кончался наш двадцатый век.

Я там облазил каждый куст,
копаясь в глине и песке,   20
ища объект свой шестиногий.
Науку мудрых экологий
в Новосибирском Городке
читал Стебаев-златоуст,
старик восторженный, но строгий.   25

О, как он нам преподавал
и солнца жар, и моря вал,
и вдохновенные приливы,
и почвы страстную среду,
и жизни в сбивчивом бреду   30
формотворящие мотивы—
радар кита и взгляд орла,
да цепня цепкие сегменты,
да шар земной, где континенты
на слое магмы, как стекла   35
расплавившегося, плывут...
Так больше не преподают.

Сцена 4

Вернер.
Всё спит или зевает зал:
страшна их детская беспечность,
как будто Блок не описал
бездонного провала в вечность;
как будто жизнь—всего лишь сон   5
волшебной летнею порою
для Оберонов и Титаний;
как будто не был сокрушён
«Титаник» ледяной горою;
как будто впрямь не отделён   10
лишь тонкою земной корою
от наших мифов и мечтаний
ад переплавленных времён.

Нам неизвестно, что за коды
лежат в загашнике природы   15
не для гормонов и белков,
а для неведомого ныне
песка в космической пустыне
и звуков звёздных языков.
Быть может, в них воплощены   20
России ледяные сны,
где дилижансом Хлестакова
ушла надежда сатаны
на быстрый проигрыш Иова.

Сцена 5

БАРЕНЦЕВ.
Вот, наконец, и рассвело—
вот ветер крутит листьев стаю.
Я знаю, что произошло
вчерашним вечером. Я знаю,
что шанс—один на десять в сотой,   5
и этот шанс уже не мой,
ну что ж, Матвей: живи, работай,
исследуй мир глухонемой.

ВЕРНЕР.
Ещё нам вовсе не ясна
таинственная сила слова   10
(смотри о ней у Гумилёва).
От слов неряшливых и скудных
язык свалялся и устал.
Так постепенно в жилах рудных
исчерпывается металл.   15
Наследием эпохи злой
слова бледнели, умирали,
как в пересохшей литорали
гинющих водорослей слой.

БАРЕНЦЕВ.
Когда-нибудь, назло прогрессу,   20
ты сочинишь большую пьесу,
или роман, или рассказ,
и всё поведаешь про нас,
про наши думы и сонеты,

про то, как пробирались мы
среди немыслимой зимы
по рукавам и плёсам Леты
к её истоку, к родникам,
к сухим, замёрзшим тростникам;
про то, как импульс наших встреч
смогли мы вспомнить и сберечь.

Вернер.
И ДНК, и наша речь—
они всего лишь частный случай
той силы ясной и могучей,
которая за годом год
с небесных ледников течёт.

Структура генов или речи
нам говорит, что мы предтечи
тех невообразимых лет,
когда и атомы, и гены
уже давно сойдут со сцены.

Мне видится издалека
не древний берег мифов—нет;
мой образ—Памяти река,
а не забвения. Не где-то
в подземном мире, а сейчас,
всегда и вечно, через нас
течёт невидимая Лета.

Без выбора и без суда
через материю и время
проходит вечная Вода,
взаимодействуя со всеми
частицами, но никогда

25

30

35

40

45

50

не изменяя их дороги;
она повсюду и везде.   55
В потоке том—в его Воде—
запечатлелись все итоги:
материальный мир веков,
все наши мысли без остатка
и строки всех черновиков,   60
всех войн безумие и стон,
и все поступки всех времён
не обошлись без отпечатка:
они оставили следы
в потоке истинной Воды.   65

Баренцев.
Да, нас учили по-другому—
что Стикса чёрная волна
бьёт в борт Харонова челна,
и заперта дорога к дому.
Но если создан мир не так,   70
чтоб всё беспамятство пожрало
и заволок забвенья мрак—
то мы способны от сигнала
отфильтровать случайный шум,
увидеть роспись прошлых дум   75
в волнах всемирного Потока,
куда не проникает око,
куда не долетает свет,
но от всего оставлен след.

Открыл ли я единый код   80
для всех вещей в природе—или
на грани выдумки и были
мной водит некий кукловод?
И не приглашены на пир мы,

а лишь скользим по краю ширмы,   85
не понимая, что за ней?
Но—будем жить; и всё, что вечно,
любить бесстрашно и беспечно,
пока ещё хватает дней.

(2003–2019)

Гистрионы

Фарс

ДЕЙСТВУЮЩИЕ ЛИЦА

НЕРОН, римский император.
ГРОЦИЙ, площадный фигляр.
САЛЛЮСТИЙ, слуга.

НЕРОН, *у окна.*
Рим—скучен. Императору—вдвойне.
И сон не в сон, и солнце—бледным блином.
Над Тибром стелется туман. Проклятье!
Да нету сил кого-то проклинать,
Кислее вин каппадокийских скука,   5
Пропитан ею город. Эй, Саллюстий,
Есть что-нибудь?

САЛЛЮСТИЙ.   Мой цезарь, ничего.

НЕРОН.
Скучней за годы моего правленья
Я не припомню дня. Тоска такая,
Что удавился бы, не будь царём.   10
Гнетёт меня венец мой тяжким грузом,
Приказывая жить и править Римом.
Зачем и для чего—лишь боги знают.

Я помню, как мальчишкою всегда
Смотрел на жертвоприношенья. Боль   15
Терзала сердце—для чего, зачем
Лишают жизни этих бедных тварей?
Они могли бы жить и сознавать,
Что солнце светит, что вода прохладна,
Что зелена трава. Теперь я вижу,   20
Что было бы не более гуманно
Их жить оставить, ибо все равно
Им предстояли бойня и забвенье.
И не было бы изощреньем пытки
Им дать ещё два года или три   25
Существованья с неизбежной смертью
В конце? Так и с людьми бывает,
Им кажется вся жизнь лишь предвареньем
Грядущей смерти, и лишь там они
Спасенье видят. Эта жизнь им в тягость,   30
Как тварям, предназначенным к закланью.
Как мы едим быков и кур—так нас
Съедает древний Хронос с потрохами,
Костей не оставляя. Ржавый шлем,
Да надпись на стене, да груда камня,   35
Что Капитолием была когда-то—
Вот через пару тысяч лет объедки
Нам современной трапезы богов.
К чему же прозябать и даже править—
Пусть величайшим в мире государством,   40
Пусть вечным Городом—когда в итоге
Всех ждёт одно и то же? Эй, Саллюстий,
Есть что-нибудь?

САЛЛЮСТИЙ.   Мой цезарь, ничего.

НЕРОН.
А над рекой туман не шелохнётся,
И солнце клонится к закату. Город   45
Пропитан весь кислятиной тумана.
Забился в норы плебс. На площадях
Булыжник грязный, пахнущий навозом,
И горы мусора. Над ними—мухи.
И тишина. Лишь изредка патруль   50
Процокает подковами—и снова
Рим замер. Все аристократы спят,
И каждый волен делать всё, что хочет.
Лишь император должен жить в надежде,
Что он не будет вечером зарезан,   55
Что ночь проспит удачно до утра,
Что утром он не примет в чаше яду,
Что днем стрелу он не получит в грудь—
Мне ж не дано и этого. Саллюстий,
Бывали покушенья на меня?   60

САЛЛЮСТИЙ.
Мой цезарь, трижды.

НЕРОН.   За двенадцать лет!
Есть от чего приободриться телом,
Но духом пасть. Что ж ты за император,
Когда тебя не то, что прославлять—
Убить никто не хочет? Эта наглость   65
Народа—мне как в горле рыбья кость.
Вот и сейчас...
        [*Подходит к окну.*]
                        Что это? Гистрионы,
Площадные шуты. Лихое племя!
Единственные люди, для которых
Возможно маску иногда менять.   70

Напялил маску—ты скупец Теренций,
Крестьянин Симплий или Вульпес-плут,
А снял её—и будешь сам собою,
Что недоступно людям остальным.
Найти иного прототипа в жизни   75
Нетрудно, но сорвать с него личину—
Напрасный труд. Не станет щедр Теренций,
Дубиной Симплий был—дубиной будет,
И Вульпес плутовать не перестанет—
Недаром фарс у гистрионов есть,   80
Как хитрый Вульпес даже после смерти
Так ловко трижды обманул Плутона,
Что был из царства мёртвых извлечён
Обратно к жизни... Гистрионы могут
Меня развлечь. Отлично. Эй, Саллюстий,   85
Ступай и приведи мне гистрионов,
Играющих на площади.

САЛЛЮСТИЙ.   Мой цезарь,
Я понял вас.
          [*Удаляется.*]

НЕРОН.   Когда-то я играл
В трагедиях Софокла, Еврипида.
Мне удавалась роль царя Эдипа,   90
Я чувствовал в себе актёрский дар,
Но встретил как-то старого актёра,
Сказавшего мне мудрые слова:
«Царём не может быть актёр, и царь
Актёром быть не может.» С той поры   95
Я редко выступаю на арене,
И я забыл волнение и страсть,
И голос тот, которым из-под маски
Звучат бессмертных классиков слова.

Но кто хоть раз ступил на сцену—тот   100
Об этом будет вечно помнить. Что же,
Пускай актёром царь не может быть—но он
Побыть немного гистрионом может!
Забава? Пусть! Итак, сейчас—Нерон,
А через миг—площадный гистрион!   105

[Нерон *снимает императорское одеяние, надевает шутовской наряд гистриона, гримирует щёки, наклеивает длинный нос и бороду. Появляется* Гроций, *гистрион. Он как две капли воды похож на загримированного* Нерона. *У него только другой голос—резкий и высокий.*]

Нерон.
Брат, здравствуй!

Гроций.
Здравствуй, брат. Это императорский дворец, что ли?

Нерон.
Он самый, брат. Тебя тоже запихнули сюда на потеху императору?

Гроций.
Запихнули, брат. Что-то я тебя не знаю. Как тебя зовут?

Нерон.
Меня—Люций.   110

Гроций.
А меня—Гроций. Ты гистрион?

Нерон.
Я? Гистрион!

Гроций.
Что ж ты играешь?

Нерон.
Вульпеса, Симплия, Теренция.

Гроций.
Этого, брат, император не любит.   115

Нерон.
А что же любит император?

Гроций.
Хвалебные песни. Слушай:
«Нерон, богоравный наш император,
Ты благодетельный Рима диктатор,
Патрициям брат, плебеям отец,
Да славится твой лавровый венец.   120
Народу ты блага несметные дал,
Неоднократно врагов побеждал,
Юпитер земной, брат небесному он—
Наш император, великий Нерон!..»

Нерон.
Что ж ты замолчал?   125

Гроций.
Глотку берегу.

Нерон.
А ты императора видал?

Гроций.
Видал, брат. Я в императорских войсках служил, и на войне его видел—вот как тебя.

Нерон.
Когда ж это было?

Гроций.
Давно. Император теперь уже не тот.   130

Нерон.
Как это—не тот?

Гроций.
Император не правит больше Римом.

Нерон.
Как—не правит?

Гроций.
Император свихнулся.

Нерон.
Как—свихнулся?   135

Гроций.
Свихнуться всякий может, а император—скорее всех. Когда я был солдатом, мы знали—сражаемся, чтобы в Рим не пустить врагов. Нас вёл император, и мы знали, куда идём. А теперь нас никто не ведёт, и мы ничего не знаем, только поём хвалебные песни, а император свихнулся...
        [*Падает на колени.*]
Казни меня—я сказал тебе правду, Нерон!
        [*Пауза.*]

НЕРОН.
Когда ты меня узнал?

ГРОЦИЙ.
Как только вошёл.

НЕРОН.
Да... Так я—плохой актёр?

ГРОЦИЙ.
Плохой.   140

НЕРОН.
И я—плохой царь?

ГРОЦИЙ.
Плохой.

НЕРОН.
                  Ну ладно... Будем развлекаться.
Сыграй мне, Гроций.

ГРОЦИЙ.   Что же мне играть?

НЕРОН.
Сыграй-ка роль царя.

ГРОЦИЙ.   Какого царя?

НЕРОН.
Сыграй меня. Одень мою одежду,   145
И стань Нероном на какой-то миг.
Мне будет это любопытно видеть.
Не забывай—я царь!

[ГРОЦИЙ *снимает одежду и грим, надевает хламиду и венок* НЕРОНА. *Они очень похожи.*]

НЕРОН.   Играй же, Гроций.

ГРОЦИЙ.
Я царь Нерон.

НЕРОН.   Похоже.

ГРОЦИЙ.   Я превысил
Возможности царей. Я превзошёл   150
Границы бытия и смерти. Я
Открыл, в чём смысл жизни.

НЕРОН, *напряжённо.*
В чём?

ГРОЦИЙ, *внезапно.*
                В актёрстве!
Мы в жизни все играем чью-то роль,
Немногие в своей родятся роли.   155
Один—царя, другой—шута играет,
Но жизнь играет равно и шутом,
И императором.

НЕРОН.   Отлично, Гроций.

ГРОЦИЙ.
Одни родятся в рубище, другие—
В пурпурных тканях. Жизнь влачить одним—   160
Тяжёлый труд, другим—весёлый праздник.

У каждого своя личина есть,
И каждый жизнь проводит под личиной,
За исключеньем только гистриона—
Он обладает тысячью личин.   165

Нерон.
Ты делаешь успехи.

Гроций.   Эй, Саллюстий!

Саллюстий.
Мой цезарь?

Гроций.   Дерзкого шута связать
И дать немедленно пятнадцать палок.
Он оскорбил меня.

Саллюстий.   Я понял.

     [Саллюстий *связывает* Нерона.]

Нерон.   Гроций,
Что за фиглярство? Это я—Нерон,   170
Саллюстий, это я—твой император!
Ты должен был по голосу узнать!
Да я тебя повешу!

Гроций.   Эй, Саллюстий!
Оставь-ка нас наедине.

Саллюстий.   Мой цезарь,
Как будет вам угодно.
     [*Уходит.*]

НЕРОН.   Развяжи.   175

ГРОЦИЙ.
И не подумаю.

НЕРОН.   Что ты задумал?
Присвоить власть? Убить меня? Зарезать?
Я участь императора приму,
Но только не в одежде гистриона—
Это позор!

ГРОЦИЙ.   А для меня позор—   180
Твоя хламида. Ты меня заставил
Её одеть. Побудь в моей одёжке.

НЕРОН.
Ты говорил, что я плохой правитель,
Что я свихнулся. Это может быть,
Но я правитель по семье, по крови,   185
Я до мозга костей аристократ,
А ты—фигляр, а ты—площадный шут!
Что ты намерен делать?

ГРОЦИЙ.   Я не знаю.

НЕРОН.
Ну, хорошо. Представь, что ты царишь.
Но ты ж не царь. Ты просто гистрион.   190
Тебя не хватит на царя. Здесь надо
Не только маску, но врождённый дар
Уметь сносить то тягостное бремя,
Что должность императора даёт,
И каждый день глядеть на этот город,   195
Как на источник скуки, и не жить,

А ждать всё время смерти, покушенья,
Плести интриги сеть, и самому
Выпутываться из таких сетей,
Ну, словом, всё, что ты назвал «свихнуться»—   200
Ведь это же не только гистрионство—
Ведь это, Гроций, жизнь, а не игра!
Пускай актёром царь не может быть—
Но ведь и быть царём актёр не может!
Зачем тебе мой трон? Ты—гистрион,   205
И оставайся им.

ГРОЦИЙ.   А ты меня
Убьёшь, как только я сниму хламиду?

НЕРОН.
Ты будешь жив.

ГРОЦИЙ.   Ты мне клянёшься?

НЕРОН.   Гроций,
Я всё же—император. Я сказал:
Ты будешь жив.

ГРОЦИЙ.   А что же будет с Римом?   210

НЕРОН.
А с Римом будет то, что быть должно.
Взгляни в окно. Ты любишь Рим? Я тоже.
Но любим мы не этот гнусный город,
Где плохо и царям, и гистрионам.
Здесь жить нельзя. Здесь можно только роль   215
Какую-то играть, как будто в жизни.
Ты, Гроций, ты счастливее меня,
Мне не дано свою личину сбросить,

В какой бы ни рядился я наряд—
Ведь я бараном жертвенным родился,   220
По роду предназначен на убой.
Сам царь не волен над своей судьбой.

[Гроций *развязывает* Нерона. *Они обмениваются нарядами. Теперь на* Нероне *снова императорская хламида, а на* Гроции—*костюм Люция.*

Гроций.
Может, и я плохой актёр. Но роль царя мне не по нраву. Да и Вульпеса мне в этот раз не сыграть. Прощай, император римский.

Нерон.
Прощай, фигляр площадный.
Эй, Саллюстий!

Саллюстий.
                              Мой цезарь?

Нерон.   Гистриона проводить.   225

Саллюстий.
Пятнадцать палок?

Нерон.   Остаются в силе.
    [Саллюстий *и* Гроций *удаляются.*]

Нерон.
Актёром царь не может быть. Всё ясно.
Прилипла маска. Не сорвать её.
Так что же остаётся? Жить и ждать,

Пока весь этот грязный Вечный Город   230
Повыломает площадей булыжник
И кинется на мой дворец? А может,
Всё это будет проще и спокойней?
Мой друг, мой новый Брут, в меня вонзит
Кинжал во время сна, иль поднесёт   235
Мне в триумфальном кубке дозу яда,
Или на скачках острая стрела
Вонзится меж Нероновых лопаток
И я паду под конские копыта,
Или в постели я задушен буду?   240
Что сделать против этого могу?
Врагов я уничтожу? Так друзья
Врагами станут. Сторону народа
Приму—меня патриции прирежут,
А буду за патрициев держаться—   250
Меня народ мой рано или поздно
На мелкие кусочки разорвёт.
Тираном стать? Ведь я тираном стану.
Калигула, наперсник мой незримый,
И Диоклетиан, садист грядущий,   260
И Ромул праотец, убийца Рема,
И этот город—вечный Город Рим—
Велят Нерону стать тираном. Боги!
За что вы мне вручили эту роль?
Ведь я—плохой актёр... Но может статься,   265
Я режиссёром буду неплохим,
И твой конец поставлю так, как надо,
Мой изувер, палач мой, раб мой, Рим!
Где я оставил спички? Эй, Саллюстий!

САЛЛЮСТИЙ.
Мой цезарь, я.

НЕРОН.   Ты слушаешь?

САЛЛЮСТИЙ.   Мой цезарь,   270
Я весь внимание.

НЕРОН.   Коробку спичек
Найдёшь на кухне. Старые газеты
возьмёшь, и паклю, и вязанку дров.
И с чеырёх концов подпалишь Рим.
Всё ясно? выполняй.

САЛЛЮСТИЙ.   Мой цезарь, Рим   275
Гореть не будет.

НЕРОН.   Как? Что ты сказал?

САЛЛЮСТИЙ.   Мой цезарь, Рим
гореть не будет.

НЕРОН.   Что? Как ты посмел?

САЛЛЮСТИЙ.

               Гореть не будет Рим.
Пропитан город сыростью тумана,   280
Идущего от северных болот.
Сегодня влажный день. А потому,
Случиться может, Рим не вспыхнет сразу,
А тлеть начнёт.

НЕРОН.   Так нефтью обольёшь!
Побольше нефти захвати.

САЛЛЮСТИЙ.   Мой цезарь,   285
Я понял вас.
        [*Удаляется.*]

НЕРОН, *у окна.*
                Пускай же он сгорит,
И хоть на время даст мне избавленье
От скуки, что перерастает в страх,
От смертной скуки. Там лачуги вспыхнут,
И кто-то будет корчиться в огне.   290
Что—люди? Нет—не люди. Гистрионы!
Ведь только гистрионами храним,
Живёт и существует вечный Рим!

*(19 июля 1974,
Каролино-Бугаз, Одесская область)*

Фарс не ставился на сцене.

Страсти по Прокрусту

Фарс

ДЕЙСТВУЮЩИЕ ЛИЦА

Дионисий, *чужестранец.*
Гелиос, *придворный.*
Терций Гауденс, *министр.**
Прокруст, *царь.*

Дионисий, *входя.*
Вот новый день и новый край.
А чем, скажите, хороши?
Чего меня по свету носит?
Философический вопросик.
Таким, как я лишь волю дай   5
(А люди в глубине души
Такие все)—и полетят
К чертям державы и устои.
Живу я истиной простою—
Сказать её? Скажу. Я—рад.   10
Я рад закату и восходу,
И всаднику, и пешеходу.
И даже если надо ходу
Задать, когда тебе грозят,
Когда нарушил ты порядки,   15
То я бегу—сверкают пятки,
И все равно чему-то рад.

---

* *tertium gaudens* (лат.)—'третий радующийся', т. е. человек, выигрывающий от распри двух сторон.

Я рад—не надо мне молиться,
Я рад—не надо мне молчать,
Не имут власти надо мной   20
Ни Бог, ни Сын, ни Дух Святой,
Я рад, что волен я, как птица,
И этой воли не отнять.
Вот новый день и новый край…
    [*Садится.*]

Гелиос, *вбегает.*
Почтенный чужестранец! Дай   25
Скорее точный мне ответ:
Умён ты или нет?

Дионисий.   Умён.
Но я, признаться, удивлен…

Гелиос.
Не удивляйся, выслушай меня:
Как Диоген, ищу я человека   30
С зажжённым фонарем средь бела дня,
Иду, ищу, ещё ищу…
    [*Плачет.*]

Дионисий.   Ну, эко
Тебя пробрало. Ты, должно быть, болен.
Вот на, глотни фалернского чуток.
    [*Даёт из фляжки.*]
Что, полегчало?

Гелиос.   Ох, спасибо. Боги!   35
Когда б вы слышали меня…

Дионисий.   А бог
Здесь не один у вас?

ГЕЛИОС.   Их много,
А главный—Зевс, кто б этого не знал?

ДИОНИСИЙ.
Ну да, я так. А то я повидал
Десяток стран, и в каждой видел бога   40
Особого. Вот в Индии, к примеру,
Есть Шива—у него полсотни рук;
В Месопотамии—Мардук,
А в Риме—Марс, Минерва там, Венера;
И здесь подобие того…   45

ГЕЛИОС.
В кого ж ты веришь?

ДИОНИСИЙ.   Ни в кого,
Всё это детские забавы.

ГЕЛИОС.
Мудрец! Хвала тебе и слава!

ДИОНИСИЙ.
Ну, явно что-то здесь не то.
Чтоб богохульника хулы   50
Достойны были похвалы?
Да ты в своём уме, браток?
Брожу немало лет уже по свету,
Но атеиста вижу в первый раз…

ГЕЛИОС.
Так выслушай меня. У нас   55
Официально боги под запретом,
Но по привычке, если тяжко нам,
С молитвой обращаемся к богам…

Дионисий.
Ну ладно, я не донесу, не трусь.
Вот любопытно—запретить богов…   60
Смельчак властитель ваш. Кто он таков,
Кто здесь у власти?

Гелиос.   Царь Прокруст.

Дионисий.
Читал я где-то… А! в «За рубежом»—
Он был разбойником изображён.
С ним было б любопытно поболтать,   65
Ты познакомишь нас? Прости, как звать
Тебя?

Гелиос.
Я—Гелиос.

Дионисий.
                    Я—Дионисий.
Сегодня у меня свободный день.
Брожу по свету. Холост, независим,   70
Умён.

Гелиос.
Вот главное! А остальное день
Ты про запас—но мудрость дай взаймы!

Дионисий.
Я не мудрец…

Гелиос.   Тогда погибли мы…

ДИОНИСИЙ.
В чем дело, расскажи. Я не пойму—   75
Меня впервые судят по уму…
Да перестань дрожать!

ГЕЛИОС.   А дело в том,
Что мы в ужасном обществе живём.
Властитель наш и мудрый судия
Познал почти все тайны бытия,   80
И страшную себе задачу взял—
Поставить перед нами идеал.
Пришел он к власти с этакой программой:
«Я уверяю, господа и дамы,
Что я вам образец правленья дам,   85
Без демократии, без диктатуры,
Но на основе права и культуры,
Предупредив, во избежанье драм
И государственных переворотов:
Я царствую не далее того, как   90
Найду средь вас достойного сменить
Меня. Искать я буду сам.
А как найду, тогда уж, так и быть,
Ему бразды правленья передам,
И справедливость высшая свершится,   95
А сам Прокруст в Европу удалится,
Там женится и будет кофе пить.»

ДИОНИСИЙ.
Забавная программа... Это ново,
Чтоб царь от власти отказался сам.
Цари обычно жутко бестолковы   100
И этим портят все... А как же там
Насчет обещанного *идеала*?

Гелиос.
Ох, тяжко мне про это говорить.
По истеченьи каждого квартала
Прокруст велит на конкурс приводить   105
Сто человек интеллигентной знати.
Ещё никто не выходил живым…

Дионисий.
Он это—просто так, забавы ради?

Гелиос.
Нет. Это метод выдуманной им
Программы отысканья Идеала,   110
Программы исчисленья Образца.
Её молва народная прозвала
«Ложе Прокруста». Ибо мудреца
Он примеряет якобы на ложе,
Но это ложе мудрецу негоже.   115
И, скажем, если до седых волос
Тот мудростью своею не дорос—
Вытягивать, чтоб поумнел чуток;
А если кто-то слишком много знает
И на Голову выше почитает   120
Себя, чем цезаря—искоренить,
И переростку голову рубить,
Чтоб выше Идеала быть не мог.

Дионисий.
Да, идеал хорош, слов нет… И что же,
Ещё никто не подошел на ложе?   125

Гелиос.
Никто. И в этом—главное несчастье.
Ведь нашей волею Прокруст у власти.

Мы прежде демократии боялись,
Единогласно мы голосовали
И на престол Прокруста возвели. 130
Пленил он обоснованной мечтою,
Он обещал: «Я Личность вам открою,
Я отыщу вам Идеал Земли.»
Самоуверенные, мы не знали,
Что мир не так находит идеалы, 135
И возвели злодея на престол.
Мы думали, он Вождь, он Фюрер Века—
Он обещал найти сверхчеловека,
Но он сверхчеловека не нашёл!

Дионисий.
Фашизм… Знакомое явленье. 140
В двадцатом веке было и не так.
Чего же хочешь ты просить, чудак?
Ты хочешь, чтобы я нашёл спасенье?
Твой первый крик: «Умён ли ты?». Допустим,
Допустим, даже гений—что с того? 145
Ведь ясно четко: ложе у Прокруста
Не подойдет ни для кого.

Гелиос.
Программа—…

Дионисий.   …—Блеф. Вас просто накололи.
Теперь уничтожают мудрецов.
Логично все. По этой логике 150
Вы—нация глупцов. О нет, прости:
По Гауссовому распределенью,
Глупцы и мудрецы—два отклоненья.
Вы просто в середине. В серости.

Гелиос.

И ты нас оскорбляешь. Что ж нам делать? 155
Кто вылечить возьмется прокажённых?

Дионисий.

А нужно ль это? Вы здоровы были,
Когда на трон Прокруста возводили,
И все голосовали за него.
Он пощадил кого?... 160

Гелиос.

Да, полетели все устои
В когда-то лучшей из держав.
Живу я истиной простою,
Сказать её? Скажу. Я—раб.
Я раб заката и восхода, 165
И всадника, и пешехода.
Я—раб. Назад мне нету хода;
Я должен соблюдать порядки,
Царю лизать обязан пятки,
А он казнит меня: я—раб. 170
И все мои каноны—это
Ежевечерняя газета,
Пустая, лёгкая как дым;
Я—раб общественного мненья,
Я—раб трусливого сомненья 175
И сплетни, пущенной другим…
Сегодня новый день—и мой черёд.

Дионисий.

А это кто, сияющий, идёт?
        [*Появляется* Терций Гауденс.]

Терций.
Смотри, Дионисий! Откуда ты, брат?

Дионисий.
Он, прихвостень лисий, блуждающий взгляд... 180

Терций.
(Гелиосу.) Знакомы мы с детства, мы вместе росли.

Дионисий.
Нас Гауденс Терций, недаром свели…

Терций.
Я—здешний министр. Наш царь—идеал.

Дионисий.
Смотри как ты быстр. Меня обскакал.

Терций.
Я сделал карьеру быстрее тебя. 185

Дионисий.
А в детстве примером был, кажется, я.

Терций.
Мы все повзрослели. Не тот уж я стал.

Дионисий.
Ты, видно, у цели. Нашёл *идеал*?

Терций.
Об этом вы уже поговорили?

Дионисий.
Успели.

Терций.
                    Ясно. Гелиос, кругом!   190
Марш во дворец.

Гелиос.   Чтобы меня убили?

Терций.
Марш во дворец! Бегом.

Гелиос.
Я не…

Терций.
                    Но ведь сегодня твой черёд?

Гелиос.
Да, мой…

Дионисий.
                    Он не пойдёт!

Терций.   Пойдёт.
          [Гелиос *удаляется.*]

Дионисий.
Когда бы боги с неба увидали,   195
Что видел я—погиб бы мир давно!
Такое извращение морали!
Такое…

Терций.
                    Тише. Это всё запрещено.
Тебе ж известно—мы идеалисты.
И крови нет на нас. Вот руки—чистые.   200

Мы ищем идеальную персону:
Сверхчеловека, бога, мудреца.

ДИОНИСИЙ
Людей уничтожая без конца?

ТЕРЦИЙ.
Да, без конца, но это по закону.

ДИОНИСИЙ.
Закон имеет смысл, когда умён—   205
Безумием поставлен ваш закон!

ТЕРЦИЙ.
Мы верим не в Бога, а в разум людской.

ДИОНИСИЙ.
А много вам прока от веры такой?

ТЕРЦИЙ.
Ну, вера есть вера, слияние чувств…

ДИОНИСИЙ.
Каприз изувера, безумен Прокруст!   210

ТЕРЦИЙ.
Послушай, любезный, ты больно речист...

ДИОНИСИЙ.
Ах, бедный мой Терций—идеалист…

ТЕРЦИЙ.
Ты шёл, так чего же? Шагай, я пущу!

Дионисий.
А если на ложе прилечь я хочу?..

[*Появляется* Прокруст.]
Прокруст.
Да, тяжела мясницкая работа…   215
Смердит весь мир, не много и не мало…
Среди мужей не видно идеала,
Средь женщин идеала не нашел,
Хотя на ложе все перебывали…
А идеал сейчас найдешь едва ли—   220
Весь мир стал глуп и на подъём тяжёл.
Вот взять меня—я в юности учился,
Я верил в совершенство и в мораль,
А совершенства так и не добился…
Мне жаль себя? Да, есть немного. Жаль   225
Мне этих лет, потраченных впустую,
И этой крови, крови без конца….
А как найдёшь иначе мудреца?
Да полно, вовсе не его ищу я.
Я выполнил свой план. Увы, как быстро.   230
Искать среди оставшихся? Нет смысла,
Остались подхалимы и глупцы,
И всё. С концами сведены концы.
Остался Идеал—как и хотелось.
Убиты мудрые. Осталась серость.   235
Из этих выбирать ещё? Чего же?
Пожалуй, этим впору будет ложе.
Я Мысль истребил. Я это смог.
А больше—не могу. Вот мой итог.
Но виноват ли я в кровавой бойне?   240
И до меня бывали в мире войны,
И до меня тираны бесновались,
И до меня в доносах издевались

Над сотнями невинных мудрецов,
И убивали до меня… Но—слов   245
Не надо больше. Миссия свершилась,
К одной гребёнке все приведено.
Эй, Терций!

Терций.   Я.

Прокруст.   Ты здесь?

Терций.   Давно.

Прокруст.
Ступай.

Терций.
          Как, во дворец?!

Прокруст.   Без разговора.

Терций.
Нет! Не хочу!!..

Дионисий.   Заслуженная месть…   250

Прокруст.
Да нет, я не про то… Там ложе есть,
Оно тебе придется впору.
Ты можешь править этою страной,
А у меня сегодня выходной.
          [Терций удаляется.]

Дионисий.
И так тебе История простит?..   255

ПРОКРУСТ.
А что? Ну, в крайнем разе поругает…
ДИОНИСИЙ.
Нет, я в Историю вмешаюсь!
А ну, иди!..

ПРОКРУСТ.

Куда?

ДИОНИСИЙ.   А во дворец,
На ложе ляжешь, я тебя примерю!

ПРОКРУСТ.
Не выйдет ничего.

ДИОНИСИЙ.   Пойдём проверим!   260

ПРОКРУСТ.
Не выйдет ничего. Я ж не мудрец,
А это ложе вымерял я просто
Параметрами собственного роста.
          [*Удаляется.*]

ДИОНИСИЙ.
М-да, господа… Зачем потопал
Я в эту кашу? Думал, постою   265
Да посмотрю… Но, стоя на краю,
Всегда имеешь шанс свалиться в пропасть.
Пример—Прокруст, чтоб было ему пусто,
И фарс негодный «Страсти по Прокрусту».

(9—10 июня 1973,
Новосибирск—поезд «Новосибирск—Барнаул»)

Фарс был поставлен студенческим театром «Феномен» (реж. В. Фет) с премьерой 16 сентября 1975 г (общежитие № 4 Новосибирского университета). Роли исполняли: А. Троицкий (Дионисий), В. Фет (Гелиос), О. Поляков (Терций), С. Камышан (Прокруст). Спектакль был повторён там же 15 апреля 1976 г. в другом составе: Д. Речкин (Дионисий), С. Коваленко (Гелиос), В. Зоткин (Терций), В. Фет (Прокруст).

Фарс был поставлен также А. Троицким 1 декабря 1976 г. в студенческом театре «Гримальд» (Дальневосточный гос. университет, Владивосток). Роли исполняли: С. Воронцов (Дионисий), А. Филитов (Гелиос), А. Киселёв (Терций), А. Троицкий (Прокруст). Подробнее об истории этих постановок см.: В. Фет, С. Камышан, А. Троицкий, О. Поляков, М. Тарабан, А. Буторин, Е. Федоровская, С. Коваленко, "Феномен «Авось»: внецензурный театр в Новосибирском университете, 1975–1976." *Мосты* (Франкфурт), 2012, 33, с. 204–257; 34, с. 236–284; 35, с. 269–301.

Об авторе

Виктор Фет—биолог, родился в Кривом Роге (Украина) в 1955 г., вырос в новосибирском Академгородке. Окончил Новосибирский университет, аспирантуру Зоологического ин-та (С.-Петербург). В 1976–1987 работал в заповедниках Туркмении. С 1988 в США, с 1995 преподаёт биологию в Университете Маршалла (Западная Виргиния). Специалист по скорпионам, редактор журнала «Euscorpius», автор научных статей и книг по зоологии, эволюции, истории науки. Переводчик монографий «Симбиогенез» (2010) и «Заря генетики человека» (2013) на английский язык. Стихи публиковались в периодике США, Германии, России, в журналах «Литературный европеец» и «Мосты» (Франкфурт), в литературных ежегодниках «Встречи» и «Побережье» (Филадельфия), «Альманах Поэзии» и «Связь времён» (Сан-Хосе), «К востоку от солнца» (Новосибирск), и т. д. Корреспондент журнала «Литературный европеец» в США, член редакционного совещания журнала «Мосты». Основатель студенческого театра «Феномен» (НГУ, 1975–1976). Изданные книги: «Под стеклом» (2000), «Многое неясно» (2004), «Отблеск» (2008), «Известное немногим» (2013), «По эту сторону» (2016), «Алиса и машина времени» (2016, по-русски и по-английски), «Доллина доля, или Мутантный Мутон» (2017, по-русски и по-английски); ряд книг по биологии. Переводчик стихов Роальда Хоффманна. Редактор-консультант издательства Evertype (Шотландия) по переводу Льюиса Кэрролла на новые языки. Первым перевёл на русский язык поэму Кэрролла «Охота на Снарка». Автор статей по творчеству Кэрролла, Набокова, Евгения Шварца. Составитель сборников «День русской зарубежной поэзии» (2019–2022).

CPSIA information can be obtained
at www.ICGtesting.com
Printed in the USA
BVHW040247080223
658118BV00004B/80

9 781782 013013

Взор усталый к небу подымая,
ты найдёшь на краешке звезды
уничтоженный седьмого мая
дом Григория Сковороды.

Ты не спишь десятую неделю,
бедная бродячая душа,
беженкою в чьём-то новом теле
по дорогам вечности спеша.

Не назначен срок твоих скитаний,
солнце встанет над убитым днём;
это испытание огнём—
не последнее из испытаний.

7 мая 2022

evertype

ISBN 978-1-78201-301-3

90000

9 781782 013013